W9-BBQ-591

Llaman a la puerta

por Pat Hutchins

traducido por Aída E. Marcuse

GREENWILLOW BOOKS • NEW YORK

10 9 8 7 6 5 4 3 2 1

The full-color paintings were done in ink and watercolor.
The typeface is ITC Zapf International.

Para Jack y Charles

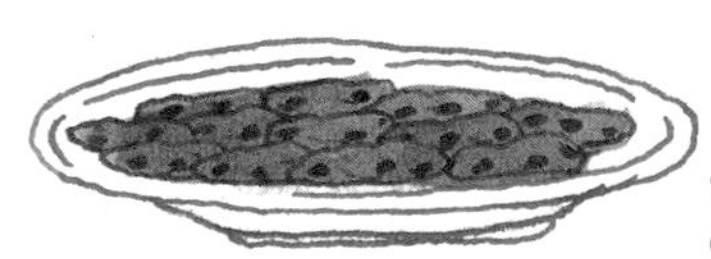

THE LIBRARY OF CONGRESS HAS CATALOGED THE GREENWILLOW ENGLISH-LANGUAGE EDITION AS FOLLOWS:

Hutchins, Pat (date) The doorbell rang.
Summary: Each time the doorbell rings, there are more people who have come to share Ma's wonderful cookies.
[1. Cookies-Fiction] I. Title. PZ7.H96165Do 1986 [E] 85-12615
ISBN 0-688-05251-7. ISBN 0-688-05252-5 (lib. bdg.)

Greenwillow Spanish-language Edition [1994]: ISBN 0-688-13807-1

—Hice estas galletitas para la merienda —dijo Mamá.
—¡Qué bueno! —dijeron Victoria y Santiago—.
¡Tenemos hambre!
—Hice muchas. Repártanlas entre los dos —dijo Mamá.

—Nos tocan seis a cada uno —dijeron Santiago y Victoria.
—Parecen tan deliciosas como las que hace Abuela —dijo Victoria.
—Y huelen tan bien como las de ella —dijo Samuel.

—Nadie hace las galletitas tan ricas como Abuela
—dijo Mamá. En ese momento, llamaron a la puerta.

Eran Tomás y Ana, nuestros vecinos.
—Adelante —dijo Mamá—. Llegan a tiempo para merendar.

—Hay tres galletitas para cada uno —dijeron Santiago y Victoria.

—Huelen tan bien como las que hace tu abuela —dijo Tomás.

—Y parecen igual de deliciosas —dijo Ana.

—Nadie hace las galletitas tan ricas como Abuela
—dijo Mamá.
En ese momento, llamaron a la puerta.

Eran Pedro y su hermanito.
—Adelante —dijo Mamá—. Llegan a tiempo para merendar.

—Hay dos galletitas para cada uno —dijeron Victoria y Santiago.

—Parecen tan deliciosas como las que hace tu abuela —dijo Pedro—. Y huelen igual de bien.

—Nadie hace las galletitas tan ricas como Abuela
—dijo Mamá.
En ese momento, llamaron a la puerta.

Eran Juana, Simón y sus cuatro primos.

—Adelante —dijo Mamá—.
Llegan a tiempo para merendar.

—Hay una galletita para cada uno —dijeron Santiago y Victoria.

—Huelen tan bien como las que hace tu abuela —dijo Juana.

—Y parecen egual de deliciosas —dijo Simón.

—Nadie hace las galletitas tan ricas como Abuela
—dijo Mamá.
En ese momento, llamaron a la puerta.

El timbre sonó y sonó.

—¡Vaya! —dijo Mamá.
Cada niño miró la galletita que tenía en su plato.

—Será mejor que se coman las galletitas antes de que abra la puerta.

—No, Mamá, preferimos esperar —dijo Santiago.

Era Abuela, y traía una enorme bandeja llena de galletitas.

—¡Qué bueno que puedan compartirlas con tantos amigos! —dijo Abuela—. ¡Por suerte hice muchísimas!

—¡Y, por supuesto, nadie hace las galletitas tan ricas como Abuela! —dijo Mamá.

En ese momento, llamaron a la puerta.

BOSTON PUBLIC LIBRARY
3 9999 04420 760 1